DATE DUE		

WEEKLY WR READER
EARLY LEARNING LIBRARY

¿Conoces la Tierra? Geografía del mundo

Mares
por JoAnn Early Macken

Consultora de lectura: Susan Nations, M.Ed.,
autora, tutora de alfabetización,
y consultora de desarrollo de la lectura

Aprender de los mapas

Puedes aprender muchas cosas de los mapas, si sabes cómo interpretarlos. Esta página te ayudará a interpretar un mapa.

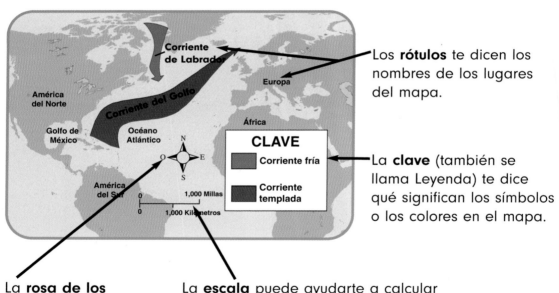

Los **rótulos** te dicen los nombres de los lugares del mapa.

La **clave** (también se llama Leyenda) te dice qué significan los símbolos o los colores en el mapa.

La **rosa de los vientos** te dice dónde están el Norte, el Sur, el Este y el Oeste.

La **escala** puede ayudarte a calcular de qué tamaño son los lugares del mapa o qué distancia los separa. Por ejemplo, una distancia de una pulgada (2. 5 centímetros) en un mapa pueden ser cientos de millas en el mundo real.

Contendio

Cubierta y portada: Las olas rompen en la costa del sureste australiano.

¿Qué son los mares?

La palabra "mar" tiene distintos significados. Puede referirse al agua salada que cubre la mayor parte de la Tierra. Estas aguas fluyen alrededor de todos los continentes. Los océanos son grandes áreas o masas de agua. "Mar" puede ser otra manera de referirse a un "océano". Un mar también puede ser una zona de un océano. Con frecuencia, un mar está parcialmente rodeado de tierra, y entonces lo llamamos golfo. Los lagos de agua salada están rodeados de tierra, y también se les llama mar.

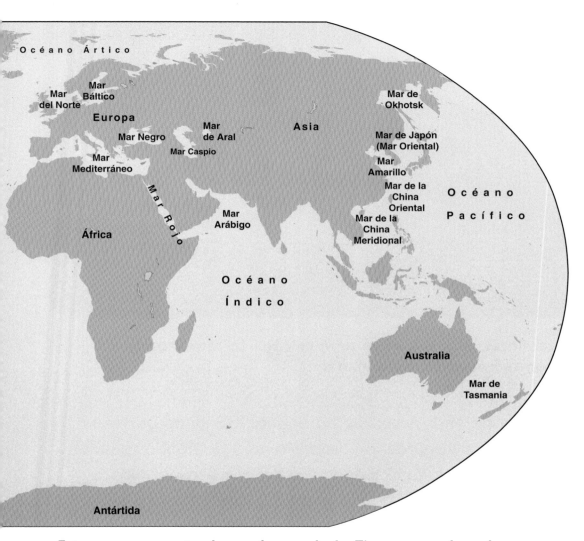

Océano Ártico

Mar
del Norte

Mar
Báltico

Europa

Mar Negro

Mar
de Aral

Mar Caspio

Mar
Mediterráneo

Asia

Mar de
Okhotsk

Mar de Japón
(Mar Oriental)

Mar
Amarillo

Mar de la
China
Oriental

Océano

Pacífico

Mar de la
China
Meridional

África

Mar Rojo

Mar
Arábigo

Océano

Índico

Australia

Mar de
Tasmania

Antártida

Este mapa muestra los océanos de la Tierra y muchos de sus mares. Todos están conectados. ¡En realidad, la Tierra sólo tiene un gran océano!

En realidad, esta isla es un gran volcán. La mayor parte del volcán se encuentra bajo el mar.

El fondo del mar no es siempre igual. Algunas partes son grandes **llanuras**, o zonas planas. Del fondo también se elevan montañas. El fondo del mar puede abrirse. Roca derretida sale de las grietas, y la roca forma un nuevo fondo. Los volcanes hacen erupción debajo del agua. Los más altos se elevan por encima de la superficie y crean islas.

Los océanos constituyen la mayor parte del agua de nuestro planeta. Son de agua salada. La mayor parte de la sal viene de la tierra. La lluvia y los ríos arrastran la sal de las rocas y la llevan al océano. La mayoría de los animales no puede beber agua salada. Los seres humanos tampoco pueden hacerlo.

Los ríos llevan sal al océano.

Poderosas olas golpean las rocas de la costa.

Agua en movimiento

El agua del mar siempre está en movimiento. En distintos momentos, los niveles del mar suben y bajan. El viento sopla sobre el mar y causa olas. Mientras más fuerte sopla, más grandes son las olas. Las olas rompen en la costa.

Aun estando lejos, las tormentas pueden producir olas grandes. Estas olas son un peligro para los barcos. Las olas grandes levantan los barcos y los dejan caer. Los terremotos también pueden causar olas gigantescas, llamadas tsunamis. Estas olas se expanden de forma concéntrica, y se hacen más grandes a medida que se acercan a la tierra. Un tsunami puede causar muchos daños.

Las olas grandes pueden hacer que los barcos vuelquen.

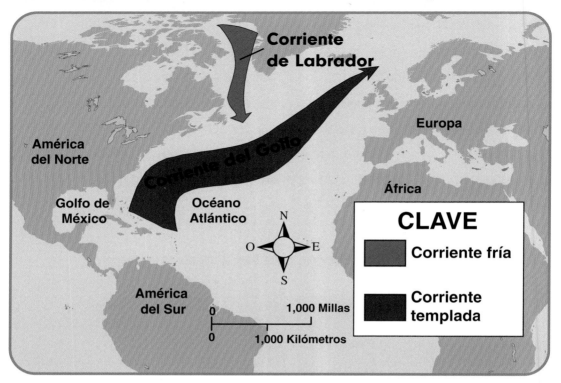

Este mapa muestra dos corrientes importantes del océano Atlántico.

Los vientos también crean corrientes. Una **corriente** es una masa de agua en movimiento. Una corriente puede llevar agua templada en agua fría. O agua fría en agua templada. Una corriente puede empujar un barco o un cardumen de peces. La tierra puede cambiar la ruta de una corriente.

La Luna y el Sol hacen que el agua del mar se mueva. Tienen una fuerza llamada gravedad que atrae el agua de la superficie de los océanos, creando las mareas. La atracción de la Luna es mayor que la del Sol. Dos veces al día, el nivel del agua sube y baja. Cuando la marea está alta, el agua penetra más en la costa. Cuando la marea está baja, el agua se retira.

Todos los días, el nivel del agua sobre estas rocas sube y baja. El nivel del agua depende de las mareas.

Esta isla del océano Pacífico es un volcán. El Pacífico es el océano que tiene el mayor número de volcanes.

Los océanos

La Tierra tiene cuatro océanos. El más grande es el océano Pacífico; se encuentra entre Asia y el continente americano. El segundo en tamaño es el océano Atlántico. Separa a América de Europa y África. El océano Índico es el tercero. Está ubicado entre África y Australia.

El océano Ártico es el océano más pequeño. Rodea el Ártico y el Polo Norte. Durante gran parte del año está cubierto de hielo. Cerca de la Antártida, los tres océanos más grandes se encuentran. Estas aguas suelen llamarse océano Antártico. Tambien se le conoce como Océano Meridional.

Cerca de los polos, el hielo cubre el agua de los mares durante casi todo el año.

Las focas suelen reunirse en grandes grupos a lo largo de las costas de los océanos.

La vida marina

Muchos animales viven en el mar o pasan allí parte de sus vidas. Las manta rayas son peces que viven en las profundidades del mar. Las focas cazan en el mar y descansan sobre las rocas en aguas poco profundas. Los pelícanos pescan mientras nadan. Las estrellas de mar y las almejas viven en charcos de agua a lo largo de la costa.

Las plantas sólo crecen en aguas poco profundas. Allí, les puede llegar la luz solar. Plantas y animales diminutos flotan en la superficie del agua. Peces de todos los tamaños se los comen.

Los pingüinos nadan en aguas gélidas. Los corales viven en aguas templadas y poco profundas. Allí construyen arrecifes, por donde los peces nadan.

Los corales vivos se juntan en colonias encima de los esqueletos de los corales muertos. En los arrecifes coralinos viven muchas clases de animales.

Una ballena sopla agua por el respiradero, u orificio nasal, de la parte superior de su cabeza. Luego, la ballena puede respirar.

Los atunes y otros peces nadan en la capa intermedia del océano. Los delfines saltan fuera del agua. Los tiburones cazan delfines y focas. A veces, las ballenas nadan en las profundidades, pero al igual que los delfines, salen a la superficie para respirar. Una gruesa capa de grasa mantiene a las ballenas calientes en el agua fría.

Algunas ballenas nadan miles de millas cada año. Van a lugares lejanos para aparearse o para buscar comida. Otros animales también recorren grandes distancias. Cuando llega el momento de poner los huevos, las tortugas marinas hembras regresan a las playas donde nacieron. Nadan muchas millas. Nadie sabe cómo se orientan.

Las ballenas grises migran, es decir, recorren largas distancias. Este mapa muestra su migración desde donde viven durante el invierno hasta el lugar donde pasan el verano.

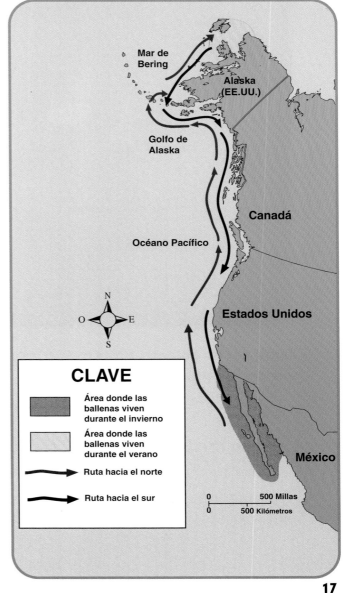

Mar de Bering

Alaska (EE.UU.)

Golfo de Alaska

Canadá

Océano Pacífico

N
O — E
S

Estados Unidos

CLAVE

Área donde las ballenas viven durante el invierno

Área donde las ballenas viven durante el verano

→ Ruta hacia el norte

→ Ruta hacia el sur

México

0   500 Millas
0   500 Kilómetros

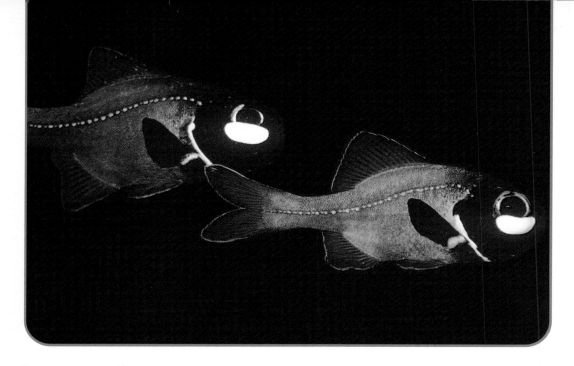

Estos peces linterna producen su propia luz. Necesitan luz para ver en las aguas muy oscuras.

Muy lejos de la superficie, un calamar gigante nada. Las aguas profundas son frías y oscuras. Algunos peces producen su propia luz. Brillan en las oscuras aguas. Muchos tienen bocas enormes y dientes afilados.

La gente y los mares

En todo el mundo hay personas que viven en la costa.
Muchas se ganan la vida pescando. Algunas cultivan algas.
Otras crían animales en "granjas" en el agua del mar.

Estos pescadores traen lo que han atrapado. Mucha gente trabaja pescando en el mar.

Estos buzos tratan de conocer mejor el mar.

En una época, los exploradores cruzaron los mares en busca de nuevas tierras. En la actualidad, los barcos transportan personas y mercancías por todo el mundo. Los turistas visitan las costas para nadar y navegar. Los trabajadores sacan petróleo y gas del fondo del mar. Los científicos se sumergen en las profundidades para conocer la vida submarina. Son los nuevos exploradores.

Enfoque: El mar de Bering

En el mar de Bering se capturan enormes cantidades de peces cada año. En las costas, viven osos polares. Focas y morsas descansan en el hielo. Más de doscientas clases de aves viven en esta zona o la atraviesan cuando migran. El estrecho de Bering conecta ese mar con el océano Ártico.

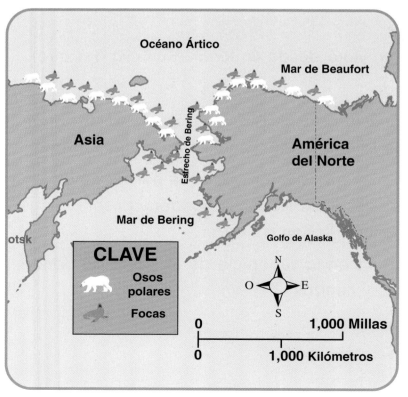

El mar de Bering se encuentra entre Asia y América del Norte. En este punto, los continentes están más cerca. Sólo el angosto estrecho de Bering los separa.

Glosario

arrecifes — barreras de rocas, corales o arena cerca de la superficie de una masa de agua

entrar erupción — salir o estallar con mucha fuerza

estrecho — paso angosto que conecta dos masas de agua

marea — subida y bajada de los niveles de agua de océanos y mares

migrar — hacer un viaje desde un lugar o un clima a otro

profundo — hondo

respiradero — orificio para respirar que se encuentra en la parte superior de la cabeza de algunos animales marinos

tsunamis — olas muy grandes provocadas por terremotos o erupciones volcánicas. Los tsunamis pueden causar muchos daños cuando llegan a tierra.

volcanes — abertura en la superficie de la Tierra de donde brotan lava, rocas y cenizas

Más información

Libros

Coralito's bay/La Bahía de Coralito. Juan Felipe Herrera (Monterey Bay Sanctuary Foundation).

Dentro del arrecife de coral/At Home in the Coral Reef. Katy Muzik (Charlesbridge)

Ocean Floors/Fondos Oceánicos. Water Habitats/Hábitats acuáticos (series). JoAnn Early Macken (Gareth Stevens).

¿Qué es un océano?/What Is An Ocean? El mundo que nos rodea/The World Around Us (series). Monica Hughes (Heinemann Lee y Aprende/Heinemann Read and Learn)

Índice

Información sobre la autora

JoAnn Early Macken ha escrito dos libros de rimas con ilustraciones, *Sing-Along Song* y *Cats on Judy*, y más de ochenta libros de no ficción para niños. Sus poemas han sido publicados en varias revistas infantiles. JoAnn se graduó en el programa M.F.A. de Escritura para Niños y Jóvenes de Vermont College. Vive en Wisconsin con su esposo y sus dos hijos.

Please visit our web site at: www.earlyliteracy.cc
For a free color catalog describing Weekly Reader®
Early Learning Library's list of high-quality books,
call 1-877-445-5824 (USA) or 1-800-387-3178 (Canada).
Weekly Reader® Early Learning Library's fax: (414) 336-0164.

Library of Congress Cataloging-in-Publication Data available upon request from publisher. Fax (414) 336-0157 for the attention of the Publishing Records Department.

ISBN 0-8368-6545-6 (lib. bdg.)
ISBN 0-8368-6552-9 (softcover)

This edition first published in 2006 by
Weekly Reader® Early Learning Library
A Member of the WRC Media Family of Companies
330 West Olive Street, Suite 100
Milwaukee, WI 53212 USA

Copyright © 2006 by Weekly Reader® Early Learning Library

Editors: Jim Mezzanotte and Barbara Kiely Miller
Art direction: Tammy West
Cover design and page layout: Kami Strunsee
Picture research: Diane Laska-Swanke
Translators: Tatiana Acosta and Guillermo Gutiérrez

Picture credits: Cover, title, p. 8 © Theo Allofs/Visuals Unlimited; pp. 2, 4-5, 10, 17, 21 Kami Strunsee/© Weekly Reader Early Learning Library, 2006; p. 6 © Michael Pitts/naturepl.com; p. 7 © Dick Roberts/Visuals Unlimited; p. 9 NOAA News Photo/FEMA; p. 11 © Marli Miller/Visuals Unlimited; pp. 12, 19, 20 © Jurgen Freund/naturepl.com; p. 13 © Fritz Polking/Visuals Unlimited; p. 14 © Tom and Pat Leeson/Visuals Unlimited; p. 15 © Hal Beral/Visuals Unlimited; p. 16 © Hugh Rose/Visuals Unlimited; p. 18 © Ken Lucas/Visuals Unlimited

Printed in the United States of America

1 2 3 4 5 6 7 8 9 10 09 08 07 06